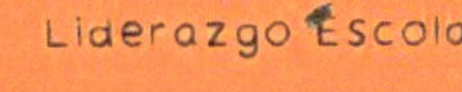
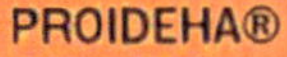

www.neurociencia.proideha.com

PROIDEHA®
Centro de Desarrollo de Habilidades Blandas.

Primera Edición
2024

Compilado y adaptado por:
Ani Rodríguez

Imagen de portada
www.canva.com/design

Maquetación
ProIDEhA® Team

Estas actividades es el resultado de las diferentes dinámicas grupales realizadas en PROIDEHA®, forman parte de estudios, investigaciones y plantillas relacionadas con inteligencia emocional y habilidades blandas de manera práctica y divertida. inspirado en las demandas y requerimientos de familias y docentes que han formado parte de nuestro centro educativo para el impulso de la educación socioemocional.

Dirección
Ciudad de Panamá, Panamá.

Teléfono: (507) 830 5480
Móvil: (507) 6747 2409

ProIDEhA
AutoGestión
y
Liderazgo Escolar
BIENVENIDOS
Esta cuaderno de trabajo que te hará
más feliz pertenece a:
ProIDEhA

Hola Chicos,

¡Bienvenidos a "Autogestión y Liderazgo Escolar 3", el lugar donde comienza tu viaje hacia el liderazgo y el autodescubrimiento!

¿Están listos para embarcarse en una aventura educativa como ninguna otra? Aquí, descubrirán secretos ocultos sobre cómo revelar sus poderes personales y convertirse en líderes valientes y empoderados.

Imagina poder influir positivamente en tu entorno escolar con acciones; o lograr muchas cosas que quieres con la autogestión, ella es la llave que abre muchas puertas.

A través de actividades emocionantes y desafiantes, descubrirás la confianza, la empatía y muchas otras cosas que te ayudarán a tener amigos más sólidos.

Marca la diferencia en tu comunidad escolar.
¡Juntos podemos lograrlo!

Introducción

¡Bienvenidos, exploradores del tercer grado, a un viaje lleno de emociones hacia la autogestión y el liderazgo escolar!

Están a punto de embarcarse en una aventura emocionante que les llevará a descubrir sus propias fortalezas y a liderar de manera positiva en la escuela.

¿Listos para convertirse en auténticos Exploradores de la Autenticidad?

Prepárense para desafiar sus límites, explorar el Mapa de Emociones, tomar decisiones sabias y desatar su creatividad como verdaderos Líderes de Proyectos Creativos.

Durante este viaje, serán Celebradores de Fortalezas Únicas, Resolverán Conflictos con habilidad y se convertirán en Navegantes de la Resiliencia, capaces de superar cualquier desafío con valentía.

Pero eso no es todo, también se convertirán en guardianes de la autoexpresión, jardineros de amistades florecientes y héroes de habilidades sociales, navegando por relaciones saludables como auténticos maestros.

Introducción

Prepárense para vivir emocionantes experiencias, diseñar metas mágicas y explorar el mundo de la gratitud, la toma de decisiones éticas y la diversidad emocional.

Serán Constructores de Confianza, Detectives del Autocuidado y Estrellas de la Comunicación, brillando en cada expresión.

A lo largo de estas 32 fascinantes lecciones, se convertirán en verdaderos Guardianes de la Paz, defensores del medio ambiente, Exploradores de la Justicia y, finalmente, Héroes del Aprendizaje, descubriendo el placer de aprender constantemente.

Así que, queridos aventureros, abran este libro con entusiasmo y prepárense para un viaje lleno de diversión, aprendizaje y transformación.

¡Las lecciones están a punto de comenzar y ustedes son los protagonistas de esta increíble odisea hacia la autogestión y el liderazgo escolar!

¡Vamos a descubrir juntos el poder que tienen para cambiar el mundo, un pequeño paso a la vez!

TABLA DE CONTENIDO

TABLA DE CONTENIDO

TABLA DE CONTENIDO

TABLA DE CONTENIDO

CAPITULO 1

Descubriendo Quiénes Somos

Tu Autenticidad

Hoy vamos a un destino mágico donde descubriremos quiénes somos realmente.

En este viaje, exploraremos los tesoros que hay en nuestro interior y aprenderemos por qué es crucial conocernos a nosotros mismos.

Importancia de Conocernos

Ser auténtico significa ser fiel a uno mismo.

La autenticidad se trata de ser verdaderamente uno mismo, mostrando al mundo nuestras cualidades, intereses y emociones genuinas.

Al descubrir quiénes somos podemos expresar nuestras necesidades y deseos de manera clara

Juego 1

Mapa de Fortalezas

Crea un mapa mental con tus habilidades, fortalezas, intereses, pasatiempos favoritos, sueños y metas. Menciónalas y dibújalas.

Nombre	Fortaleza	Símbolo de tu Fortaleza

Juego

Caja de la Autenticidad

Decora una caja con colores y patrones que te representen.

Dentro de la caja, coloca objetos que te inspiren o te recuerden quién eres.

Pueden ser fotografías, dibujos, poemas, objetos especiales, etc. Luego, presenta tu caja a tus compañeros y explícales por qué has elegido cada objeto y qué significado tiene para ti.

Caja de la Autenticidad

Dibuja los objetos que colocaste en tu caja.

¿Qué aprendimos?

Hoy aprendimos que la autenticidad es como un faro que nos guía hacia una comprensión más profunda de nosotros mismos.

Al explorar quiénes somos realmente, descubrimos la belleza de nuestras peculiaridades y nos acercamos un paso más a vivir una vida auténtica y plena. Esto nos hace más felices.

Recomendaciones para el Docente:

- Fomenta un ambiente de confianza y apertura donde los niños se sientan cómodos compartiendo sus pensamientos y emociones.
- Anima a los estudiantes a respetar y valorar las diferencias entre ellos, promoviendo la aceptación y la diversidad.
- Brinda retroalimentación positiva y alienta elogiosamente a los niños a medida que exploran su autenticidad y comparten sus experiencias.

CAPITULO 2

Mapa de Emociones

Objetivo

Explorar y comprender diferentes emociones para desarrollar la inteligencia emocional y mejorar la capacidad de autorregulación.

Variedad de Emociones

Nos aventuraremos por los territorios desconocidos de nuestros sentimientos para descubrir los tesoros ocultos que albergan.

Prepárense para iniciar una aventura llena de descubrimientos y aprendizajes sobre nosotros mismos y nuestras emociones.

La Importancia de conocer Emociones

Nuestro Mapa de Emociones es como una brújula que nos guía a través de las diferentes emociones que experimentamos a lo largo del día.

Conocer y comprender estas emociones nos ayuda a identificar cómo nos sentimos en diferentes situaciones y a entender por qué nos sentimos de cierta manera.

Juego

1

Curiosidad Emocional

Tienes un reto, encontrar el nombre de las emociones que se presentan en estos personajes. Los nombres que no sepas, puedes preguntarlos o investigarlos.

Juego

2

Arcoíris de Emociones

En la siguiente página vas a dibujar un arcoíris al menos con cinco (5) emociones.

Puedes colocar la cantidad de emociones que quieras y deberás asignarle un color diferente a cada emoción.

Arcoíris Emocional

¿Qué aprendimos?

Hoy aprendimos que nuestras emociones son como los colores de un arcoíris, cada una con su propio brillo y significado. Al explorar nuestro Mapa de Emociones, descubrimos la riqueza y la diversidad de nuestros sentimientos.

Recomendaciones para el Docente:

- Crea un ambiente seguro y de confianza donde los niños se sientan cómodos expresando sus emociones.
- Anima a los estudiantes a compartir sus experiencias y reflexiones durante las actividades, fomentando la empatía y el apoyo mutuo.
- Enfatiza la importancia de respetar las emociones de los demás y de expresar las propias de manera adecuada.
- Proporciona ejemplos concretos de situaciones en las que puedan aplicar lo que aprendieron.

CAPITULO 3

Tomadores de Decisiones

Objetivo

Capacitar a los niños s para que desarrollen habilidades de toma de decisiones efectivas y responsables en diferentes situaciones de la vida cotidiana.

Medir lo que sentimos

¿Cómo ser Tomadores de Decisiones "Exitosas"?.

Imaginen que tienen dudas entre varias opciones a elegir. Cómo si estuvieran en un parque y no saben por cuál atracción empezar. ¿Qué camino elegirán?

¡Hoy aprenderemos como decidir!

Tomando Decisiones

Ser un buen tomador de decisiones significa tener la capacidad de evaluar opciones, prever las consecuencias y elegir la mejor alternativa en cualquier situación.

Es una habilidad crucial para la vida, ya que nos permite enfrentar los desafíos, resolver problemas y alcanzar nuestras metas.

Juego

Pros y Contras

En parejas o grupos pequeños, deben hacer una lista de los pros y los contras de la situación que se presenta. Al final tomar una decisión.

Hacer la tarea antes o después de la cena

Juego

Semáforo de Decisiones

A continuación se presenta un semáforo en el cual debes clasificar las situaciones que se presentan, bajo estos criterios:

-Decisiones " rojas" son aquellas que nos ponen en peligro o nos hacen sentir incómodos.

-Decisiones "amarillas" son decisiones que requieren un poco más de reflexión.

-Decisiones "verdes" son decisiones seguras y positivas.

Semáforo de Decisiones

1.-Subirse a un mueble inestable.

2.-Decidir qué regalo comprar para un amigo.

3.-Pedir ayuda a un adulto si no entiendes algo en clase.

4.-Escoger qué libro leer antes de dormir.

5.-Cruzar una calle muy transitada sin mirar.

6.-Decidir qué juego jugar en el recreo.

7.-Elegir entre estudiar para un examen o ver televisión.

8.-Hablar con un extraño que se acerca en la calle.

9.-Decidir ser amable con alguien que parece triste.

10.-Decir mentiras a un adulto sobre algo importante.

11.-Ayudar a un amigo que se ha caído.

12.-Saludar a todos.

¿Qué aprendimos?

Descubrimos que cada decisión que tomamos tiene un impacto en nuestro futuro y que al aprender a tomar decisiones responsables, podemos convertirnos en líderes de nuestras propias vidas

Recomendaciones para el Docente:

- Fomenta un ambiente de apoyo y colaboración donde los niños se sientan seguros para expresar sus opiniones y tomar decisiones.
- Anima a los estudiantes a considerar las consecuencias a corto y largo plazo de sus decisiones.
- Proporciona ejemplos concretos y situaciones relevantes para los niños, para que puedan relacionar el tema con su vida diaria.
- Enfatiza la importancia de respetar las decisiones de los demás.

CAPITULO 4

Líderes de Proyectos Creativos

Ideas transformadoras

Hoy nos convertiremos en verdaderos líderes de proyectos creativos.

Imaginen que son exploradores y sus ideas son las estrellas que guían el camino hacia la innovación y transformación de todo lo que encuentran.

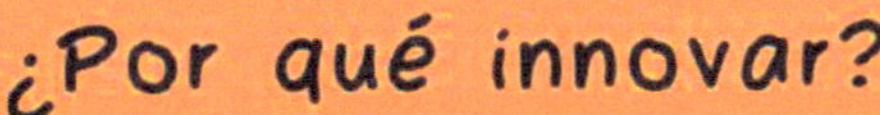

¿Por qué innovar?

La innovación es como una chispa mágica que enciende la creatividad y nos lleva a pensar de manera diferente.

Es la habilidad de generar ideas frescas y originales que nos permiten resolver problemas de formas nuevas y emocionantes. La innovación es importante porque nos ayuda a adaptarnos a un mundo en constante cambio

Juego 1

Ideas Creativas

En grupo creen las ideas más creativas e innovadoras, para reutilizar el plástico de las botellas. ¿Qué podemos crear con ese plástico desechado?

Juego 2

Proyecto Creativo

Luego del debate de las ideas más innovadoras.

Ahora deben crear un proyecto escolar que mejore algo que ustedes considera puede mejorarse.

Primero sean observadores para decidir que mejoran y luego discutan que proyecto pueden crear.

Dibuja el prototipo de tu proyecto o la idea de lo que les gustaría hacer.

Proyecto Creativo

¿Qué aprendimos?

En esta lección, aprendimos que la innovación es una herramienta poderosa que nos permite pensar de manera original y creativa. Descubrimos que cada uno de nosotros tiene el potencial de ser un líder de proyectos creativos y que nuestras ideas pueden cambiar el mundo.

Recomendaciones para el Docente:

- Fomenta un ambiente de apoyo y aceptación donde todas las ideas sean valoradas.
- Anima a los niños a pensar fuera de lo común y a no tener miedo de ser diferentes.
- Proporciona tiempo suficiente para que los niños exploren y desarrollen sus ideas de manera creativa.

CAPITULO 5

El Poder de la Autoaceptación

Eres Especial

Hoy vamos a un viaje de descubrimiento personal, donde aprenderemos a abrazar nuestras diferencias y a reconocer la belleza única que reside en cada uno de nosotros.

Todos somos diferentes y esas diferencias nos hacen especiales.

El poder de aceptarnos

La autoaceptación es el acto de reconocer y valorar nuestras propias cualidades, tanto las positivas como las que podemos mejorar, sin juzgarnos ni compararnos con los demás.

Es importante aceptarnos a nosotros mismos porque nos permite construir una base sólida para nuestra autoestima y bienestar emocional.

Juego 1

Autoretrato de Reconocimiento

Dibújate lo más detallado posible y resalta lo que más te gusta de ti.

Juego 2

Carta de Amor a mí mismo (a)

En la siguiente hoja redacta una carta de amor para ti.

Destacando todas las cosas maravillosas que te hace único (a) y especial.

Puedes incluir cualidades que admiras, logros de los que estás orgulloso (a) y metas que deseas alcanzar en el futuro.

Luego puedes compartir que fue lo que más te gusto de escribirte una carta.

Carta de Amor a mi mismo (a)

¿Qué aprendimos?

En esta lección, aprendimos que la autoaceptación es la clave para cultivar una relación saludable con nosotros mismos y con los demás. Descubrimos que nuestras fortalezas únicas son lo que nos hace brillar y que debemos celebrarlas con orgullo. Al aceptarnos a nosotros mismos tal como somos, podemos construir una base sólida para el crecimiento personal y la felicidad duradera.

Recomendaciones para el Docente:

- Fomenta un ambiente de respeto y aceptación donde todos se sientan seguros para compartir sus pensamientos y sentimientos.
- Sé un modelo a seguir practicando la autoaceptación y elogia las fortalezas únicas de cada niño.
- Anima a los niños a celebrar las diferencias entre ellos y a apreciar la diversidad que existe en el grupo.

CAPITULO 6

Resolución de Conflictos de Forma Positiva

Objetivo

Aprender habilidades de mediación para resolver conflictos de manera positiva y constructiva, promoviendo la paz y la cooperación en su entorno escolar.

Relaciones Armoniosas

Un día, en la tierra de la Escuela Imaginaria, un grupo de exploradores decidió enfrentarse al desafío de los conflictos.

Se pusieron sus capas de mediadores, brillantes y llenas de colores, y se lanzaron valientemente al mundo de las relaciones escolares.

Importancia de la resolución de conflictos

La resolución de conflictos es como ser un superhéroe pacífico.

Significa encontrar soluciones a problemas sin tener que usar la fuerza. Los mediadores en acción aprenden a transformar situaciones difíciles en oportunidades para construir puentes de entendimiento.

Juego 1

Dragón de la Discusión

Crea tres (3) pasos que puedes utilizar ante una persona conflictiva.

Este dragón escupe palabras afiladas y malentendidos. Con ingenio y valentía, puedes ser mediador y lograr calmar al dragón, para convertirlo en un simpático compañero.

1

2

3

Juego 2

El Mediador

Un Mediador es la persona que no está en conflicto.

Es decir está en el medio de dos personas que si están en el conflicto o diferencia.

Esta figura es muy importante porque ayuda a ver las cosas claras y puede ayudar a resolver la situación.

En la siguiente página tienes un caso para resolver y tu eres el mediador.

El Mediador

En la hora de recreo escolar un grupo de niños jugaba con un balón de futbol, que golpeó a otro compañero e hizo que se le cayera al piso su jugo. Entraron en conflicto por el disgusto y tu eres el mediador. Cómo se puede resolver de manera pacífica.

¿Qué aprendimos?

En esta lección, aprendimos que la resolución de conflictos es fundamental para mantener relaciones saludables y promover la paz en nuestra comunidad escolar. Descubrimos que podemos utilizar habilidades de mediación, como escuchar activamente y buscar soluciones mutuamente satisfactorias, para resolver disputas de manera pacífica y constructiva.

Recomendaciones para el Docente:

- Fomenta un ambiente de respeto y empatía donde los niños se sientan seguros para expresar sus emociones y opiniones.
- Enseña a los niños a utilizar un lenguaje positivo y respetuoso al comunicarse durante la resolución de conflictos.
- Anima a los niños a buscar soluciones creativas y colaborativas que promuevan la paz y la armonía en el grupo.

CAPITULO 7

Conectando con las Emociones de Otros

Objetivo

Aprender sobre la empatía y cómo conectarse con las emociones de los demás para promover la comprensión y la cooperación en su entorno.

La magia de conectar

La empatía es como un mapa mágico que nos permite entender y responder a las emociones de los demás. Cuando somos exploradores de la empatía, nos convertimos en verdaderos detectives emocionales, listos para descubrir los tesoros de los sentimientos de nuestros amigos.

¿Por qué es importante la empatía?

Es importante porque nos ayuda a formar relaciones más fuertes, a ser más compasivos y a trabajar juntos para resolver problemas.

Cuando somos empáticos, podemos ver el mundo desde la perspectiva de los demás y responder de manera sensible a sus necesidades y emociones.

Juego

El Puente de la preocupación

¿Cómo notas si algún compañero está preocupado? Haz grupo y comenten cómo lo reconocen. Escribe tres (3) acciones empáticas que puedes hacer por alguien que notes que está preocupado.

1

2

3

Juego

Carta de Empatía

Crea una carta de empatía para alguien que elijas.

En esta carta, expresarás tu comprensión de los sentimientos de la otra persona y ofrecerás palabras de apoyo y aliento.

Puedes acompañarla de un dibujo que desees agregar.

Practica en la siguiente hoja.

Carta de Empatía

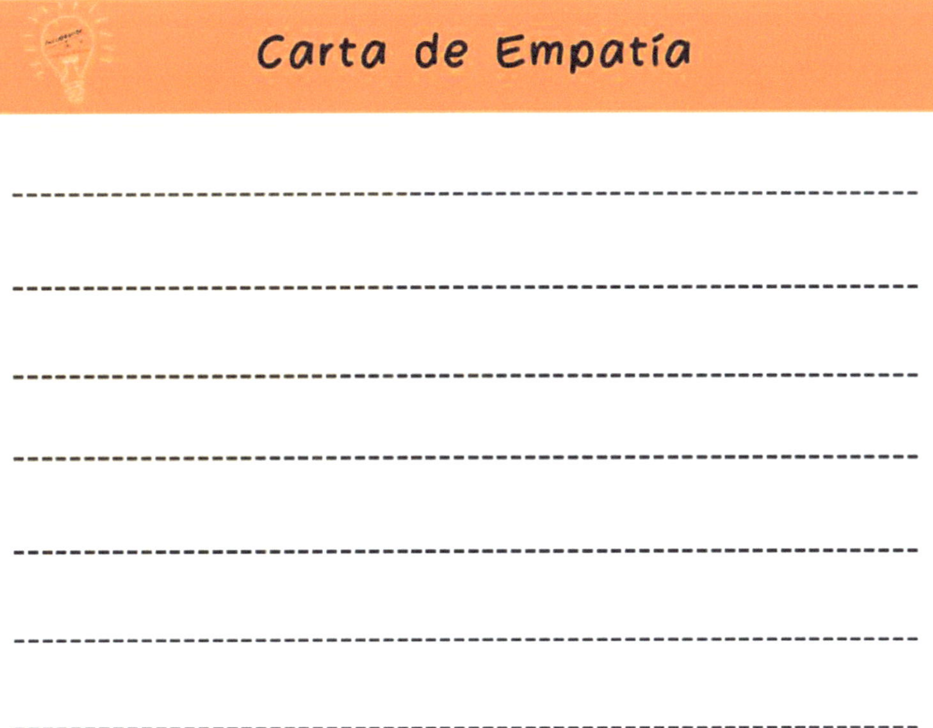

¿Qué aprendimos?

Aprendimos sobre la importancia de la empatía y cómo conectarnos con las emociones de los demás.

Descubrimos que al ser empáticos, podemos fortalecer nuestras relaciones. Como exploradores de la empatía, tenemos el poder de marcar una diferencia positiva en la vida de los demás y en nuestra comunidad.

Recomendaciones para el Docente:

- Fomenta un ambiente de respeto y aceptación donde los niños se sientan seguros para compartir sus emociones y experiencias.
- Anima a los niños a escuchar activamente y a hacer preguntas para comprender mejor los sentimientos de los demás.
- Promueve actividades de colaboración y trabajo en equipo para practicar la empatía en situaciones del mundo real.

CAPITULO 8

El Código de la Gratitud

Hola, soy el agradecimiento

Acción Poderosa

En un rincón mágico de la Escuela del Buen Ánimo, nuestros valientes exploradores se convirtieron en aprendices del "Código de la Gratitud".

Acompáñalos en esta emocionante travesía para descubrir el poder de agradecer y cultivar una actitud positiva.

Cultivando una Actitud Agradecida

La gratitud es la capacidad de reconocer y valorar las cosas buenas en nuestras vidas, grandes y pequeñas, y expresar aprecio por ellas.

Es importante porque nos ayuda a enfocarnos en lo positivo, a sentirnos más felices. Cuando practicamos la gratitud, cultivamos una mentalidad optimista y aprendemos a encontrar la belleza en cada momento.

Juego 1

Experiencias Gratificantes

A continuación vas a escribir experiencias que agrades haber vivido. Dale color a cada una

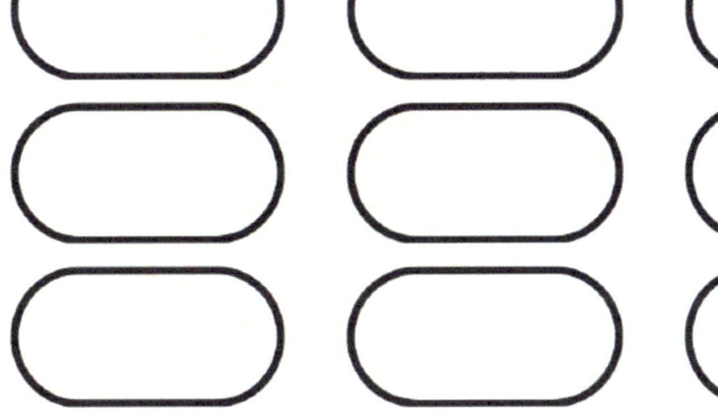

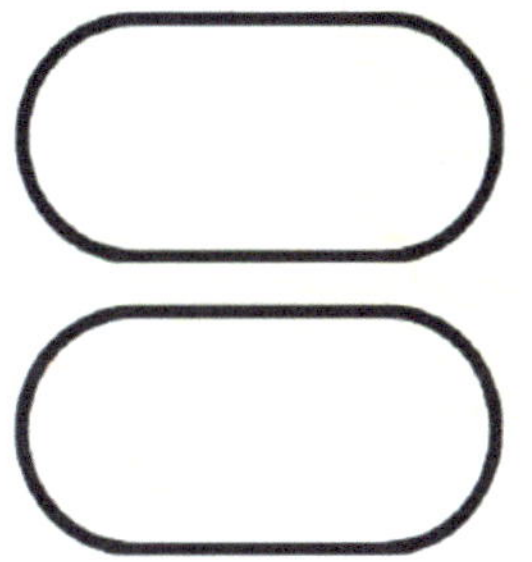

Juego 2

Círculo de Agradecimiento

Crea en la siguiente página un dibujo espectacular de la experiencia que elijas de las que ya mencionaste.

Al terminar, tus compañeros y tú reúnanse en círculo y compartan esas experiencias.

Experiencia de Gratitud

¿Qué aprendimos?

Hoy aprendimos que la gratitud es como una varita mágica que puede convertir incluso el día más nublado en uno lleno de luz.

Ser agradecido significa reconocer y valorar las cosas buenas que nos rodean, ¡un superpoder que todos pueden tener!

Recomendaciones para el Docente:

- Fomenta un ambiente de positividad y aprecio en el aula, donde los niños se sientan seguros para expresar sus emociones y compartir sus experiencias.
- Anima a los niños a buscar oportunidades para expresar gratitud en su vida diaria y a reflexionar sobre cómo se sienten cuando lo hacen.
- Promueve actividades de servicio comunitario donde los niños puedan compartir su gratitud con los demás y contribuir al bienestar de su comunidad.

CAPITULO 9

Superando Desafíos con Fortalezas

Tu escudo de poder

La resiliencia es como un escudo mágico que nos ayuda a superar momentos difíciles.

Ser un Navegante de la Resiliencia significa aprender a dar la vuelta a las situaciones difíciles y encontrar la fuerza interior para seguir adelante.

¿Por qué es importante la resiliencia?

Es importante porque nos ayuda a enfrentar los desafíos de la vida con una actitud positiva y a seguir adelante a pesar de las dificultades.

La resiliencia nos permite aprender de nuestras experiencias, fortalecer nuestra confianza en nosotros mismos y crecer emocionalmente.

Juego

Mis Superpoderes de Resiliencia

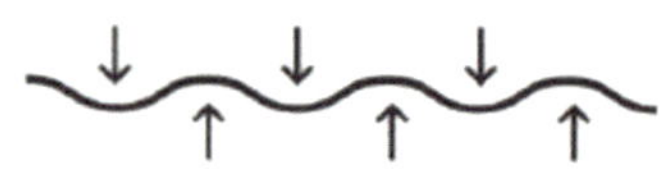

Identifica tus propios superpoderes de resiliencia enumerando las habilidades y cualidades que te ayudan a enfrentar los desafíos.

El Árbol de la Resiliencia

En la siguiente página crea un dibujo de un árbol y escribe en las raíces los desafíos que has enfrentado, en el tronco las estrategias que utilizaste para superarlos y en las hojas las lecciones que aprendieron de esas experiencias.

El Árbol de la Resiliencia

¿Qué aprendimos?

Descubrimos que la resiliencia nos ayuda a enfrentar las adversidades con coraje y optimismo, y nos permite crecer y aprender de nuestras experiencias.

Tenemos el poder de enfrentar los desafíos de la vida con confianza y determinación, sabiendo que somos capaces de superar cualquier obstáculo que se nos presente.

Recomendaciones para el Docente:

- Fomenta un ambiente de apoyo y confianza en el aula, donde los niños se sientan seguros para compartir sus experiencias y emociones.
- Anima a los niños a hablar sobre los desafíos que enfrentan y a reflexionar sobre cómo pueden aplicar la resiliencia en su vida diaria.
- Promueve actividades que fortalezcan la autoestima y la autoconfianza de los niños, como elogiar sus esfuerzos y celebrar sus logros, por pequeños que sean.

CAPITULO 10

Héroes de Habilidades Sociales

Objetivo

Enseñar a los niños habilidades sociales clave para construir y mantener relaciones saludables con sus compañeros.

Hola, soy la amistad

Buenos Amigos

Las habilidades sociales son como tesoros que nos ayudan a construir relaciones positivas.

Ser un Héroe de Habilidades Sociales significa aprender a comunicarnos, cooperar y construir amistades fuertes.

ProIDEhA

¿Por qué debes tener habilidades sociales?

Mantener buenas relaciones sociales es importante porque nos permite construir amistades sólidas, resolver conflictos de manera pacífica y sentirnos conectados con los demás.

Para ello debemos ser amables, respetuosos y comprensivos con quienes nos rodean.

Juego 1

El Juego de la Conversación

Haremos una práctica en parejas de cómo podemos iniciar una conversación, para hacer un amigo nuevo.

Frases que ayudan a iniciar una conversación:

Comentarios sobre intereses compartidos. Ej. Futbol, Ballet.

Elogio sobre algo positivo

Pregunta sobre actividades favoritas

Juego 2

Puentes de Amistad

Escribe tres (3) acciones amables que esperas de tus amigos.

Ahora en pareja construye un puente de palitos de helado y pegamento. Cada palito representa una acción amable o un gesto de amistad.

Dibuja tu puente con las acciones en la página siguiente, antes de construirlo. Luego comparte cómo estas acciones fortalecen las relaciones.

Puente de la Amistad

Recomendaciones para el Docente:

- Fomenta la participación activa y el respeto mutuo durante las actividades.
- Proporciona retroalimentación positiva y alienta el esfuerzo de cada niño.
- Promueve la reflexión sobre la importancia de las habilidades sociales en la vida diaria.

¿Qué aprendimos?

Hoy aprendimos que las habilidades sociales son como herramientas mágicas que nos ayudan a construir relaciones saludables y felices. Aprendimos a ser amables, respetuosos y comprensivos con los demás, y practicamos habilidades de conversación y gestos de amistad. En nuestro viaje como Héroes de Habilidades Sociales, seguiremos navegando hacia relaciones más fuertes y significativas.

CAPITULO 11

Guardianes de la Autoexpresión

Códigos mensajeros

La autoexpresión es como un arco iris de colores que nos permite compartir nuestros pensamientos y sentimientos de manera única.

Ser Guardianes de la Autoexpresión significa explorar diversas formas creativas para comunicarnos con el mundo.

¿Por qué es importante descubrir nuestras emociones?

Podemos contar historias sin decir una palabra. Lo importante es conocer diferentes códigos de comunicación que nos permitan expresar lo que sentimos.

La autoexpresión es la capacidad de comunicar nuestros pensamientos, emociones y experiencias de manera honesta y única.

Juego 1

Expresión Creativa

Escoge una emoción y luego elige una forma de arte (dibujo, música, danza, escritura, manualidad, etc.) para expresar, una historia relacionada a la emoción.

Escribe y dibuja lo que seleccionaste y cómo lo harás.

Juego 2

Collage Emocional

Esta vez necesitarás dibujos y revistas para hacer un collage, será para representar la historia de Flopy, el Perro Aburrido, colocarás en tu collage todas las cosas que puede hacer Flopy, para salir del aburrimiento.

Luego comparte con tus compañeros.

Collage Emocional

Recomendaciones para el Docente:

- Fomenta un ambiente de aceptación y respeto mutuo.
- Estimula la participación activa de todos los estudiantes.
- Brinda retroalimentación positiva y alentar la creatividad.

¿Qué aprendimos?

Hoy aprendimos que la autoexpresión es una habilidad poderosa que nos permite comunicarnos de manera auténtica y creativa. Descubrimos cómo expresar nuestras emociones y experiencias a través del arte y la escritura, fortaleciendo así nuestra capacidad para conectarnos con los demás y compartir quiénes somos.

CAPITULO 12

Cuidando y Cultivando Relaciones

Objetivo

Enseñar a los niños la importancia de mantener relaciones saludables y cómo pueden cuidar y cultivar sus amistades.

Amigos en el Tiempo

Las amistades son como flores que necesitan cuidado y atención para crecer fuertes.

Ser Jardineros de Amistades significa aprender a mantener y fortalecer esas conexiones especiales a lo largo del tiempo.

Construyendo relaciones

Las relaciones saludables son aquellas en las que nos sentimos apoyados, comprendidos y respetados.

Cuando cuidamos nuestras amistades, estamos cultivando un ambiente de confianza y felicidad a nuestro alrededor.

Juego 1

Observar y Reconocer

Reflexionaremos sobre cómo nos hacen sentir nuestras amistades. Identificar 3 situaciones y expresa cómo te sientes en cada una de ellas. Ej. Cuando un amigo te presta un juguete.

Situaciones	¿Cómo te hacen sentir?

Juego 2

El Cuidado

Crea un dibujo o una lista de acciones concretas que puedes realizar para cuidar tus amistades.

Puedes incluir escuchar a tus amigos cuando necesiten hablar, compartir cosas o ayudarlos cuando lo necesiten.

Cuidado del Jardín de la Amistad

Recomendaciones para el Docente:

- Enseñar la Importancia del Cuidado. Destaca que las amistades necesitan cuidado y atención regularmente para mantenerse fuertes.
- Fomentar la Comunicación Abierta. Anima a los niños a expresar sus sentimientos y necesidades en las amistades para evitar malentendidos.
- Celebrar la Diversidad de Amigos. Promueve un ambiente donde se celebre la diversidad de personalidades y experiencias entre amigos.

¿Qué aprendimos?

Hoy aprendimos que nuestras amistades son como plantas que necesitan ser cuidadas. Aprendimos a reconocer nuestros sentimientos en diferentes situaciones y cómo podemos cuidar nuestras relaciones para que crezcan fuertes y saludables. Recuerda ser un buen jardinero de tus amistades, ¡y verás cómo florecen!

CAPITULO 13

Equilibrando Nuestro Corazón II

Objetivo

enseñar a los niños cómo autogestionar sus emociones para mantener un equilibrio emocional saludable.

Poderes Personales

Equilibrar las emociones es como ser un malabarista que sostiene varias pelotas en el aire.

Ser un Equilibrista del Corazón significa aprender a reconocer, comprender y equilibrar nuestras emociones para mantenernos centrados.

¿Por qué debemos autogestionarnos?

Autogestionarnos significa ser capaces de reconocer, entender y gestionar nuestras emociones de manera adecuada.
Cuando autogestionamos nuestras emociones, somos como artistas del circo que controlan sus actos para mantener el equilibrio en la cuerda floja.

Juego 1

Cuerpo Emocional

Dibuja cinco (5) emojis e identifica en el cuerpo dónde sientes esa emoción. Recuerda momentos en los que las hayas sentido, para guiarte dónde se siente cada una.

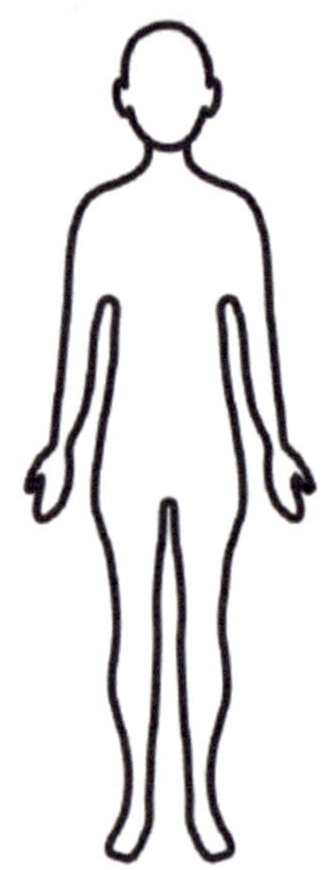

Juego 2

Cambiando Emociones

Cada uno de nosotros puede cambiar las emociones desagradables a emociones agradables.

Sencillamente porque son temporales y porque es mejor estar en calma y felicidad.

En el siguiente cuadro, Colorea cual es la acción que utilizarás cuando identifiques una emoción desagradable.

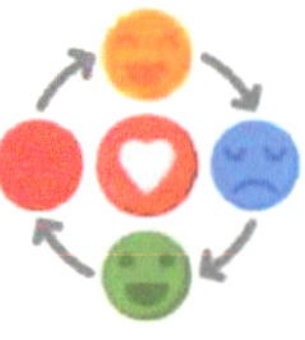

Cambiando Emociones

Tomar un vaso de agua	Dibujar	Respirar Profundamente
Caminar	Hablar con alguien	Descansar

Dibuja qué otras acciones harías.

¿Qué aprendimos?

A autogestionarnos emocionalmente es como ser malabaristas en el circo de nuestras emociones. Descubrimos herramientas útiles para mantener el equilibrio emocional y cómo identificar y gestionar nuestras emociones de manera positiva.

Recomendaciones para el Docente:

- Fomenta un ambiente de confianza y apoyo durante la lección.
- Anima a los niños a compartir sus experiencias y estrategias para manejar sus emociones.

CAPITULO 14

Metas Mágicas: Diseñando Nuestro Futuro

Objetivo

Enseñar a los niños la importancia de establecer metas y cómo pueden planificar su futuro de manera positiva y alcanzable.

Pasos al éxito

Hola, soy el plan

Diseñar nuestro futuro es como crear un mapa mágico que nos guiará hacia nuestras metas.

Ser un Diseñador del Futuro implica establecer metas a corto y largo plazo y trazar un plan para alcanzarlas, construyendo así un camino hacia el éxito.

¿Por qué establecer metas?

Planificar metas significa decidir qué queremos lograr en el futuro y luego crear un plan para alcanzarlo.

Es importante porque nos ayuda a enfocarnos en lo que realmente queremos, nos motiva a esforzarnos y nos da un sentido de dirección

Juego

Cartel de Impacto

Diseña un cartel sobre algún impacto que te gustaría causar en el mundo, es como lo que te gustaría desarrollar en un futuro, en alguna área en particular.

Pasos

Separa tu meta en nueve (9) pasos que debes realizar para desarrollar algún proyecto para ese impacto que quieres causar.

Escríbelas acá y dibújalas en la siguiente página.

Pasos de Impacto

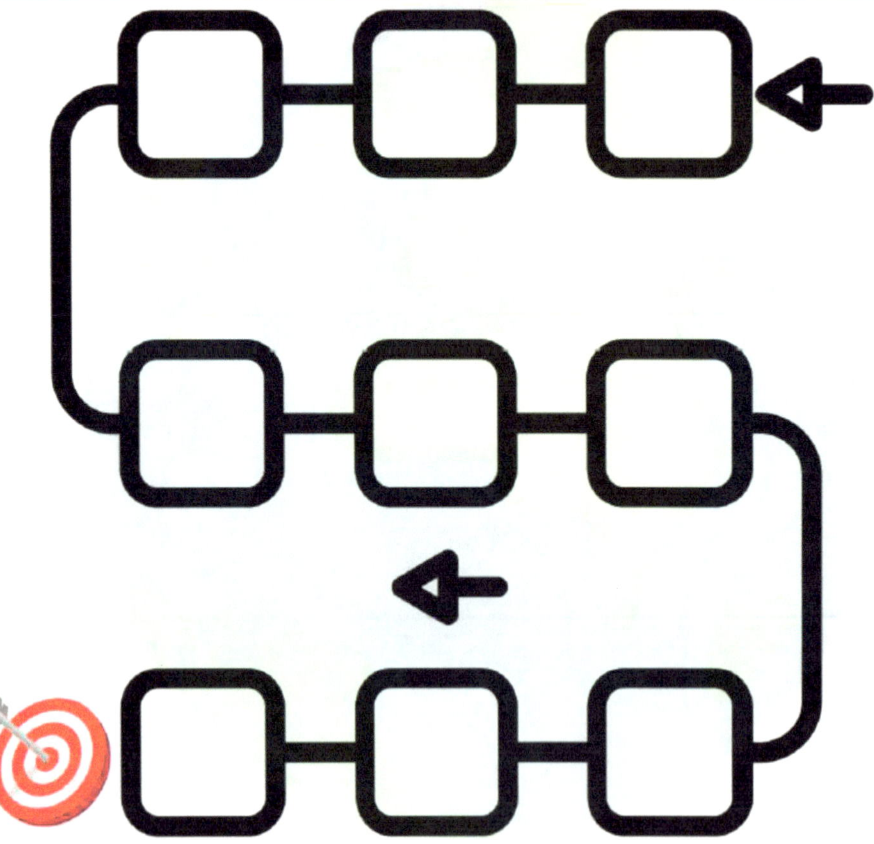

¿Qué aprendimos?

Hoy aprendimos que planificar metas es como ser exploradores en un mapa, buscando nuestros tesoros en el futuro. Descubrimos la importancia de tener objetivos claros y cómo podemos crear un plan para alcanzar nuestros sueños.

Recomendaciones para el Docente:

- Fomenta un ambiente de colaboración y creatividad durante las actividades.
- Anima a los niños a compartir sus metas y planes entre ellos, promoviendo el apoyo mutuo y la inspiración.

CAPITULO 15

Exploradores del Mundo de la Gratitud II

Objetivo

Enseñar a los niños de sobre la importancia de la generosidad y cómo pueden descubrir actos generosos en su entorno.

Acciones de Bondad

Ser un Explorador del Mundo de la Gratitud implica ir más allá de reconocer lo positivo en nuestras vidas. Significa descubrir cómo los actos generosos pueden transformar nuestro entorno y crear un círculo de bondad.

¿Por qué es importante la bondad?

La generosidad es el acto de dar algo sin esperar nada a cambio. Es importante porque nos hace sentir bien con nosotros mismos.

Cuando somos generosos, estamos sembrando semillas de bondad que pueden florecer y hacer del mundo un lugar mejor.

Juego

Registro de Generosidad

Registra de los actos generosos que observes durante el día.

Luego compartan que actos registraron.

A ______________________________

B ______________________________

C ______________________________

D ______________________________

E ______________________________

F ______________________________

G ______________________________

Cadena de Bondad

Haz un acto generoso a algún compañero de tu clase. Luego este se lo debe realizar a otro, hasta que todos hayan sido bondadosos.

Registren sus acciones de bondad en un Cartel grupal.

Dibuja en la siguiente página tu acto generoso.

Acto Generoso

¿Qué aprendimos?

Hoy aprendimos que la generosidad es como una luz brillante que ilumina el mundo. Descubrimos cómo podemos encontrar y crear actos generosos en nuestro entorno, y cómo estos pueden hacer una diferencia en la vida de los demás y en la nuestra propia.

Recomendaciones para el Docente:

- Fomenta un ambiente de respeto y empatía durante la actividad.
- Anima a los niños a reflexionar sobre cómo pueden ser generosos en su vida diaria y cómo pueden inspirar a otros a hacer lo mismo.

CAPITULO 16

La Fiesta de las Decisiones

Evaluando opciones

¡Bienvenidos a la Fiesta de las Decisiones, donde cada elección es como un ingrediente especial para una gran receta!

Aprenderán a equilibrar las opciones y tomar decisiones sabias que respeten a los demás y a uno mismo.

¿Por qué porqué es importante saber elegir?

Tomar decisiones significa elegir entre diferentes opciones y es fundamental en la vida cotidiana.

Es importante porque nuestras decisiones pueden afectar nuestras vidas y las de los demás.

Cuando tomamos decisiones acertadas, nos sentimos seguros.

Juego 1

Desafío de Elecciones

Reflexiona sobre la siguiente situación y toma una opción. Luego compartan en grupo las razones de su elección.

Juego 2

Difícil Decisión

En la siguiente página dibuja la decisión más difícil que hayas tenido que vivir.

Y recuerda cuales fueron las razones de esa decisión.

Recuerda que podemos encontrarnos ante diferentes situaciones en las que nos tocará elegir.

Las consecuencias deben evaluarse antes de tomarse.

Difícil Decisión

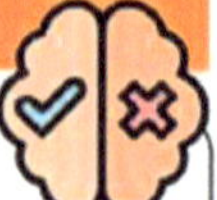

¿Qué aprendimos?

Hoy aprendimos que tomar decisiones es como ser el organizador de una fiesta, donde cada elección contribuye a hacerla especial. Descubrimos la importancia de tomar decisiones conscientes y cómo podemos hacerlo reflexionando sobre las opciones disponibles.

Recomendaciones para el Docente:

- Fomenta un ambiente de respeto y apoyo durante las actividades.
- Anima a los niños a expresar sus opiniones y a escuchar las de los demás, promoviendo el pensamiento crítico y la empatía.

CAPITULO 17

Celebrando Nuestra Diversidad Emocional

Objetivo

El objetivo de esta lección es enseñar a los niños la importancia de reconocer y celebrar la diversidad de emociones que experimentamos.

Muchas formas de sentir

Ser parte del Desfile de las Emociones significa reconocer que todos experimentamos emociones de manera única.

La diversidad emocional implica respetar y apreciar las diferentes formas en que las personas sienten y expresan sus emociones.

¿Por qué reconocer emociones?

Reconocer, validar y gestionar nuestras emociones es esencial para nuestro bienestar emocional, nuestra salud mental, nuestras relaciones interpersonales, nuestra toma de decisiones y nuestro autoconocimiento.

Nos permite vivir una vida más equilibrada, auténtica y satisfactoria.

Juego

Bloques de Emociones

Dibuja en los siguientes recuadros las emociones que recuerdes y coloca su nombre debajo.

Juego

Círculo de Emociones

En la siguiente página dibuja una emoción que hayas experimentado recientemente y detállala como una breve historia sobre por qué te sentiste de esa manera.

Por ejemplo, "Me sentí emocionado cuando vi a mi abuelo después de mucho tiempo porque lo extrañaba mucho".

Luego en círculo, todos compartirán su historia.

Círculo de Emociones

¿Qué aprendimos?

Hoy aprendimos que nuestras emociones son como colores en el lienzo de nuestra vida, cada una única y especial. Descubrimos la importancia de reconocer y celebrar nuestra diversidad emocional, y cómo esto nos ayuda a entender mejor nuestras experiencias y a conectarnos con los demás.

Recomendaciones para el Docente:

- Fomenta un ambiente de respeto y aceptación durante las actividades.
- Anima a los niños a expresar sus emociones de manera abierta y honesta, promoviendo la empatía y la comprensión entre ellos.

CAPITULO 18

Constructores de Confianza

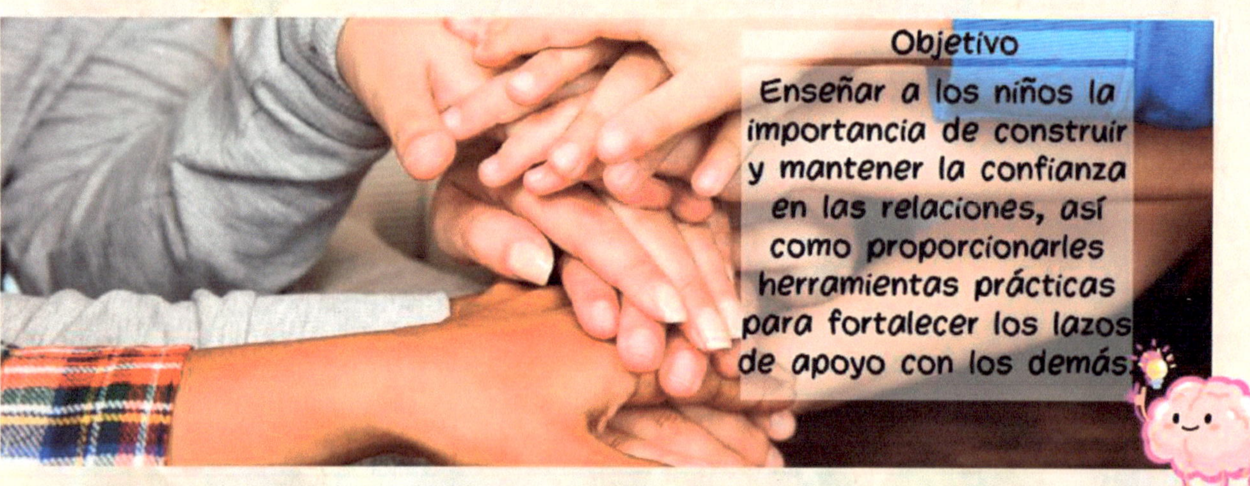

Hola, soy la confianza

Redes de apoyo

Ser un Constructor de Confianza implica reconocer la importancia de la confianza mutua en las relaciones.

Aprender a confiar y ser confiables es como construir un puente sólido que conecta a las personas.

¿Por qué es importante la confianza en las relaciones?

La confianza es como el cemento que mantiene unidas nuestras relaciones.

Nos permite sentirnos seguros, comprendidos y apoyados por los demás.

La confianza también fomenta la comunicación abierta, la colaboración y el crecimiento personal.

Juego

La Carta de Confianza

Escribe acá una carta a alguien en quien confíes, expresando lo mucho que valoras esa relación y por qué es importante para ti.. Pueden incluir ejemplos específicos de momentos en los que esa persona te haya demostrado su confianza y apoyo

Juego

Red de Apoyo

En la siguiente página dibuja las personas importantes en tu vida, como familiares, amigos, maestros, etc.

Después, escribe las cualidades que hacen que confíes en esas personas.

Red de Apoyo

Recomendaciones para el Docente:

- Fomenta un ambiente de seguridad y respeto durante las actividades.
- Anima a los niños a compartir sus experiencias y emociones de manera abierta y honesta, promoviendo la empatía y la comprensión entre ellos.

¿Qué aprendimos?

Hoy aprendimos que la confianza es como un puente que une a las personas en relaciones sólidas y significativas. Descubrimos la importancia de construir y mantener la confianza en nuestras relaciones, así como herramientas prácticas para fortalecer estos vínculos.

CAPITULO 19

Descubriendo Nuestros Tesoros Especiales II

Ingredientes del corazón

Ser Descubridores de Tesoros Especiales implica entender la importancia de los valores personales en la toma de decisiones y el comportamiento diario.

Aprender a vivir de acuerdo con estos valores es como tener un mapa que guía hacia un tesoro interior.

¿Por qué es importante reconocer nuestros valores?

Los valores son como brújulas internas que nos orientan en nuestras decisiones y acciones.

Es importante identificar nuestros valores porque nos ayudan a vivir de acuerdo con lo que consideramos importante y significativo.

Juego 1

Historia de Valor

Crea una historia sobre un valor importante para ti; crea personajes y una situación donde se aplique ese valor. Puede dibujarla. Al final compártela al grupo.

Juego 2

Juego de los valores

"Encuentras un billetero perdido en la calle. ¿Qué harías?"

Representa esta situación a través de un dibujo en la siguiente página con la acción que decides hacer.

Identifica el valor o los valores presentes en la acción.

Juego de Valores

¿Qué aprendimos?

Hoy aprendimos que nuestros valores son como estrellas que guían nuestro camino en la vida. Descubrimos la importancia de identificar y comprender nuestros valores personales, así como herramientas prácticas para hacerlo.

Recomendaciones para el Docente:

- Utiliza música, juegos de roles o cuentos para introducir y explorar los conceptos de valores de manera lúdica y divertida.
- Fomenta la creatividad y la expresión artística al permitir que los niños representen sus valores a través de dibujos, esculturas o canciones.

CAPITULO 20

Creciendo como Semillas en Nuestra Comunidad Escolar II

Objetivo

Enseñar a los niños sobre la importancia de la responsabilidad en la comunidad escolar y cómo pueden contribuir positivamente a su entorno.

Vida Escolar

Bienvenidos de nuevo a nuestra comunidad escolar, donde cada uno de nosotros es como una semilla lista para crecer y florecer!

Hoy continuaremos explorando cómo podemos asumir la responsabilidad y cuidar de nuestro entorno escolar para que todos podamos prosperar juntos.

ProIDEhA

Responsabilidad en la Comunidad Escolar

La responsabilidad en la comunidad escolar significa tomar acciones para cuidar de nuestro entorno, respetar a los demás y trabajar juntos para mantener un ambiente seguro y acogedor.

Es importante porque podemos crear un lugar donde todos se sientan valorados y seguros para aprender y crecer.

Juego 1

Código de Honor Escolar

Crea tu propio código de honor y luego en grupo creen el del salón.
A que te comprometes en tu escuela.

Juego 2

Reto de Limpieza

Formarán equipos y dividirán un área específica del salón para limpiar y embellecer.

Cada equipo tendrá la responsabilidad de recoger la basura y mantener el área limpia.

Comunidad Escolar

Dibuja a tu comunidad escolar

¿Qué aprendimos?

Hoy aprendimos que la responsabilidad es clave para mantener una comunidad escolar segura y acogedora. Descubrimos cómo cada uno de nosotros puede contribuir positivamente a nuestro entorno escolar y trabajar juntos para crear un lugar donde todos puedan crecer y florecer.

Recomendaciones para el Docente:

- Fomenta la creatividad y el ingenio al animar a los niños a proponer nuevas ideas para contribuir positivamente a su entorno escolar.
- Organiza sesiones de reflexión al final de cada actividad, donde los niños puedan compartir cómo se sintieron al asumir responsabilidades y trabajar juntos para mejorar su comunidad escolar.

CAPITULO 21

Exploradores de Respeto

Objetivo

Enseñar a los niños sobre la importancia del respeto en las relaciones interpersonales y cómo pueden practicarlo en su vida diaria.

Valorando la amistad

Hoy nos embarcaremos en un viaje emocionante para descubrir cómo podemos navegar en aguas amistosas, donde el respeto es nuestra brújula.

Prepárense para zarpar hacia un mundo donde todos se tratan con amabilidad y consideración.

¿Por qué es importante el respeto en las relaciones?

El respeto en las relaciones significa tratar a los demás con cortesía, consideración y valorando sus pensamientos, sentimientos y necesidades.

Es importante porque el respeto crea un ambiente de confianza y armonía, donde cada persona se siente valorada y comprendida.

Cuando practicamos el respeto, construimos relaciones sólidas y saludables.

Juego

Juego de Palabras

Forma parejas y practica interacciones respetuosas utilizando palabras y acciones amables, como las que se muestran abajo.

Juego

Flor de Respeto

En la siguiente página hay una flor de respeto. Debes escribir en cada pétalo diferentes formas de mostrar respeto hacia los demás, como escuchar atentamente, pedir permiso, no interrumpir, etc.

Luego colorea cada pétalo de un color diferente y decora todo a tu gusto.

Por favor
Gracias
Permiso
Disculpa
De nada
Con gusto
¿Cómo estás?
Bien hecho
Te entiendo

¿Puedo ayudarte?
Me gustaría escuchar tu opinión
Lo siento, no estuve bien
¿Puedo compartir?
¿Te gustaría jugar conmigo?
Estoy aquí para ti
¿Qué necesitas?
¿Puedo compartirla una idea?
Lo siento si te lastimé

Flor de Respeto

¿Qué aprendimos?

Hoy aprendimos que ser exploradores de respeto permite entender que el respeto es la brújula que guía las interacciones. Al ser amables se construyen relaciones sólidas y duraderas.

Recomendaciones para el Docente:

⭐ Fomenta el Diálogo Abierto. Establece un ambiente donde los niños se sientan seguros compartiendo sus opiniones y resolviendo conflictos de manera abierta.

⭐ Integra el Respeto en Rutinas Diarias. Destaca la importancia del respeto en todas las interacciones diarias, desde el saludo hasta la resolución de problemas.

CAPITULO 22

Fortaleciendo Vínculos con Comprensión

Objetivo

Enseñar cómo fortalecer los vínculos con los demás mediante la comprensión y el desarrollo de la empatía.

Hola, soy la empatía

Ver la emoción de otros

¡Bienvenidos, capitanes de la empatía!

Hoy nos embarcaremos en una aventura emocionante para descubrir cómo podemos fortalecer nuestras conexiones con los demás.

Aprenderán a fortalecer vínculos con comprensión y conexión emocional.

¿Por qué ser empático?

La empatía es como tener un superpoder que nos permite entender cómo se sienten las personas que nos rodean.

Cuando practicamos la empatía, podemos ver el mundo desde su perspectiva. Al estar atentos a los sentimientos de los demás, creamos un ambiente de apoyo.

Juego 1

Historia de los Sentimientos

Crea un personaje y dibuja una historia con varias escenas, en la que ese personaje estuvo bravo y logro gestionar su emoción hacia una más agradable.

Juego 2

Cadena de Empatía

Formemos una cadena de empatía. Toma varios pedazos de papel y escribe en cada uno algo que podrías hacer para mostrar empatía hacia alguien más. Por ejemplo, "escuchar atentamente", "dar un abrazo", "decir palabras amables".

Luego, une los papeles y forma una cadena, cuélgala en un lugar especial en tu hogar ¡Cada vez que practiques la empatía, añade un eslabón!

Diseño de Empatía

Crea un dibujo que represente los mejores actos de empatía para ti.

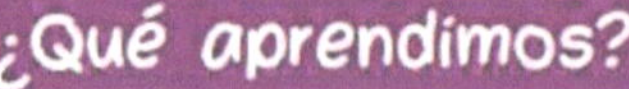

¿Qué aprendimos?

Hoy hemos aprendido que la empatía es una herramienta poderosa para fortalecer nuestros vínculos con los demás. Al comprender cómo se sienten las personas que nos rodean, podemos construir relaciones más cercanas y hacer del mundo un lugar más amable.

Recomendaciones para el Docente:

- Fomenta la práctica de la empatía en el aula a través de juegos de roles y actividades grupales.
- Promueve la inclusión y la diversidad, enseñando a los niños a apreciar las diferentes perspectivas y experiencias de los demás.
- Organiza charlas o invitados especiales que compartan historias sobre la importancia de la empatía en la vida cotidiana.

CAPITULO 23

Exploradores Valientes II: Afrontando Desafíos con Valor

Que nada te detenga

Ser Exploradores Valientes significa entender que la valentía no es la ausencia de miedo, sino la capacidad de seguir adelante a pesar de él.

¿Están listos para mostrar su coraje y convertirse en sus propios héroes?

¿Por qué es importante la valentía?

Ser valiente significa enfrentar situaciones difíciles con fuerza y determinación.

Es importante porque nos ayuda a crecer y a superarnos a nosotros mismos. Al ser valientes, podemos conquistar nuestros miedos y alcanzar nuestras metas más ambiciosas.

Juego 1

La Danza de la Valentía

Elige una canción que te haga sentir poderoso y valiente. Luego, crea una coreografía que represente tu lucha contra los obstáculos. ¡Baila con valentía y deja que tu corazón guíe cada paso!. Dibújalo

Juego 2

El Mapa del Héroe

Vas a crear la historia de un héroe o heroína que en un inicio no era valiente y tuvo que enfrentar un desafío para convertirse en héroe o heroína.

Utiliza tu creatividad para dibujar un mapa detallado que incluya obstáculos y desafíos en el camino. Después, sigue tu mapa y muestra como el personaje enfrenta cada desafío con valentía hasta que finalmente logra lo que le daba miedo.

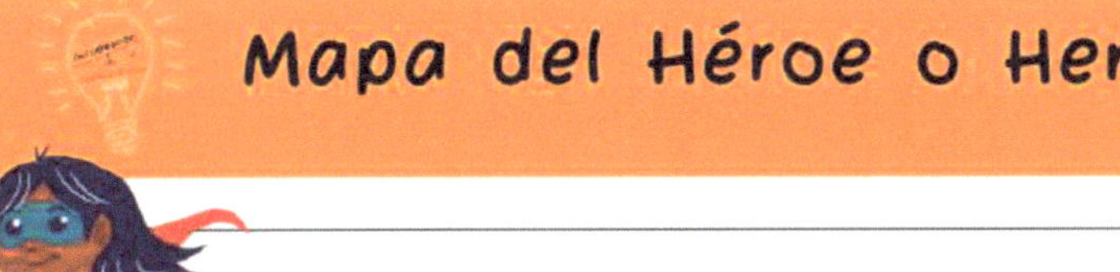

Mapa del Héroe o Heroína

¿Qué aprendimos?

Hoy hemos aprendido que la valentía es fundamental para enfrentar los desafíos que encontramos en la vida. Al ser valientes, podemos superar cualquier obstáculo y alcanzar nuestras metas más grandes.

Recomendaciones para el Docente:

- Organiza una búsqueda del tesoro en el aula o en el patio de la escuela, donde los niños puedan enfrentar desafíos y resolver pistas para encontrar un tesoro escondido.
- Invita a los niños a compartir historias de momentos en los que hayan demostrado valentía y superado desafíos en sus vidas.
- Promueve la creación de un mural de valentía en el aula, donde los niños puedan dibujar y escribir sobre sus propias experiencias de superación.

CAPITULO 24

Controlando Tormentas Emocionales

Objetivo

Enseñar a gestionar nuestras emociones y a encontrar la calma en medio de las tormentas emocionales.

¿Cómo elegir?

Ser Maestros de la Tranquilidad significa comprender que las emociones intensas son como tormentas, pero cada niño tiene el poder de calmarlas.

Descubriremos cómo podemos atender nuestras tormentas internas.

Retomar la calma ante tormentas emocionales

Gestionar nuestras emociones significa aprender a reconocer lo que sentimos y encontrar formas saludables de lidiar con ellas.

Es importante porque nos ayuda a mantener la calma y a tomar decisiones sabias, incluso cuando nos enfrentamos a situaciones difíciles.

Juego

Tormenta de Emociones

En cada nube identifica una emoción agitada o incomoda, escoge una y escribe cómo sales de ella.

Juego

Botella de la Calma

En la siguiente página, tienes una jarra para llenarla de cosas que te gustaría hacer cuando sientas la emoción de ira.

Escríbelo dentro y decora al máximo tu diseño.

Puedes crearla físicamente con ayuda de un adulto, con una botella, con agua, aceite y brillantina, representando visualmente el proceso de calma, al ver bajar la brillantina.

Botella de la Calma

¿Qué aprendimos?

Hoy hemos aprendido que podemos ser maestros de nuestra propia tranquilidad al aprender a manejar nuestras emociones. Al reconocer lo que sentimos y encontrar formas saludables de lidiar con ellas, podemos navegar por la vida con calma y equilibrio.

Recomendaciones para el Docente:

- Incorpora técnicas de mindfulness y meditación en la rutina diaria del aula para ayudar a los niños a encontrar la calma interior.
- Fomenta la expresión emocional a través del arte, la música y la escritura, para que los niños puedan canalizar sus emociones de manera creativa y constructiva.
- Promueve un ambiente de apoyo en el aula donde los niños se sientan seguros para expresar sus emociones y buscar ayuda cuando lo necesiten.

CAPITULO 25

Guardianes de la Paz: Construyendo un Mundo Armonioso

Objetivo

Educar cómo podemos contribuir a la paz y la armonía en nuestro mundo.

Hola, soy la paz

Acciones que construyen

¡Saludos, pequeños guardianes de la paz!

Hoy nos convertiremos en héroes que construyen puentes de amor y amistad para crear un mundo lleno de armonía. ¿Están listos para embarcarse en esta emocionante aventura?

Manteniendo la armonía en nuestro ambiente escolar

Ser guardianes de la paz significa trabajar juntos para resolver conflictos de manera pacífica y promover la comprensión y la tolerancia entre todas las personas.

Al ser guardianes de la paz, podemos inspirar a otros a seguir nuestro ejemplo y juntos construir un mundo amable y sin conflictos.

Juego

Cadena de Amistad

Escribe algo amable que cada niño puede hacer por alguien más, como "compartir", "ayudar" "escuchar". Coloréalo

Juego

Mundo de Paz

En la siguiente página dibuja, como es para ti una comunidad escolar pacífica.

y al lado como es una comunidad escolar conflictiva.

Realiza ambos dibujos y reflexiona, cómo te gusta más compartir.

Ten presente las acciones que ayudan a mantener un clima armonioso en clase.

Mundo de Paz

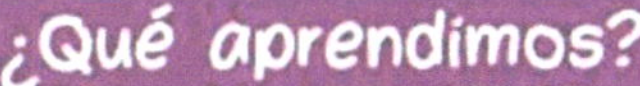

¿Qué aprendimos?

Hoy hemos aprendido que cada uno de nosotros puede ser un guardián de la paz al promover la comprensión, la tolerancia y el respeto entre todas las personas. Al trabajar juntos y mostrar bondad y amabilidad, podemos construir un mundo más armonioso y feliz para todos.

Recomendaciones para el Docente:

- Organiza actividades de resolución de conflictos en el aula donde los niños puedan practicar habilidades de comunicación y negociación.
- Fomenta la celebración de la diversidad cultural en el aula a través de la música, la comida y las tradiciones.
- Promueve proyectos comunitarios que ayuden a los niños a hacer una diferencia positiva en su entorno, como limpiar un parque o recolectar alimentos para personas necesitadas.

CAPITULO 26

Detectives del Autocuidado: Cuidando de Nosotros Mismos

Objetivo

Fomentar la importancia del autocuidado y cómo podemos cuidar de nosotros mismos.

Hola, soy el autocuidado

El poder de las relaciones

Detectives del autocuidado
Hoy nos sumergiremos en el misterioso mundo de cómo cuidar de nosotros mismos para mantenernos felices y saludables.

Ser Detectives del Autocuidado significa aprender a cuidar de nuestro cuerpo y mente de la misma manera en que cuidamos de un jardín.

¿Por qué es importante el autocuidado?

Ser un detective del autocuidado significa prestar atención a nuestras necesidades físicas, mentales y emocionales y tomar medidas para satisfacerlas.

Es importante porque nos ayuda a mantenernos equilibrados, felices y llenos de energía. Al cuidar de nosotros mismos, podemos enfrentar los desafíos de la vida.

Juego 1

El Viaje del Autocuidado

Con imaginación, dibuja un mapa que represente tu viaje de autocuidado. como el "Bosque de la Relajación" o la "Montaña de la Alegría"

Juego 2

Prácticas de Autocuidado

Escribe cosas que te hagan sentir bien y feliz. Pueden incluir actividades como jugar al aire libre, leer un libro, dibujar, escuchar música o pasar tiempo con amigos.

En la siguiente página clasifica acciones para tu autocuidado fisico, mental y emocional.

Practicas de Autocuidado

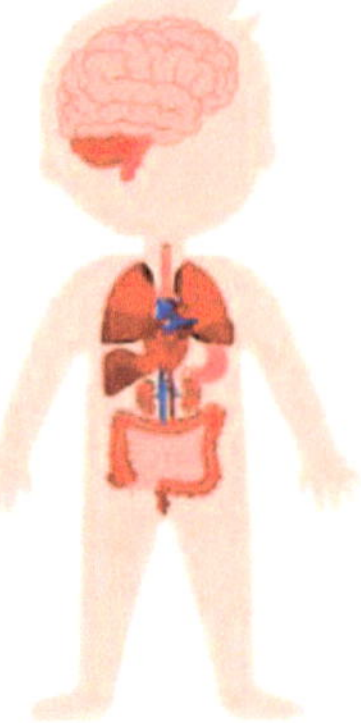

Físico

Mental

Emocional

¿Qué aprendimos?

Hoy hemos aprendido que cuidar de nosotros mismos es fundamental para nuestra felicidad y bienestar. Al hacerlo, podemos identificar nuestras necesidades y tomar medidas para satisfacerlas, asegurándonos de estar felices, saludables y listos para enfrentar cualquier desafío que se nos presente.

Recomendaciones para el Docente:

- Organiza sesiones regulares de mindfulness y relajación en el aula para ayudar a los niños a conectar con sus cuerpos y emociones.
- Fomenta la importancia de una alimentación saludable y ejercicio regular para el bienestar físico.
- Anima a los niños a expresar sus emociones y buscar ayuda cuando lo necesiten, promoviendo un ambiente de apoyo y comprensión en el aula.

CAPITULO 27

Cultivando una Mentalidad Positiva

Objetivo

Aprender cómo cultivar una mentalidad positiva y ver el mundo con optimismo.

Todo empieza dentro de ti

Ser Exploradores del Optimismo significa ver desafíos como oportunidades de crecimiento y cultivar una mentalidad positiva.

Aprenderán a cambiar su perspectiva frente a los desafíos.

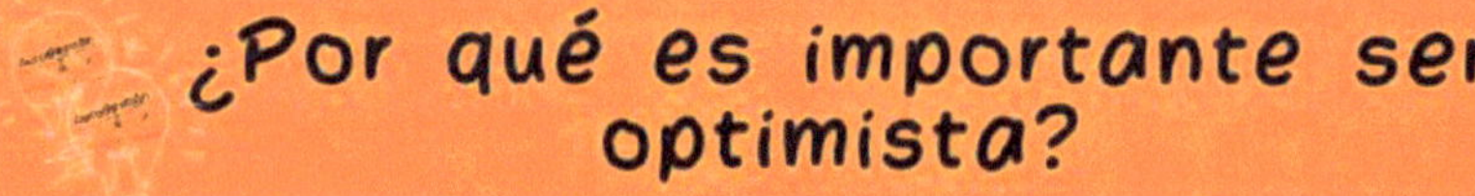

¿Por qué es importante ser optimista?

Ser un explorador del optimismo significa encontrar lo bueno en cada situación y mantener una actitud positiva incluso cuando enfrentamos desafíos.

Es importante porque el pensamiento positivo no solo nos hace sentir más felices y seguros, sino que también nos ayuda a ser más resilientes frente a las adversidades.

Juego 1

Cartel de Optimismo

Crea tu cartel de frases, mensajes inspiradores y motivadores. Coloréalo y recuerda mantener presente estas frases.

Juego 2

El poder de la Inspiración

La siguiente página será tu espacio para dedicárselo a alguien que admires y te inspira a ser como él o ella.

Dibuja o recorta imágenes relacionada a sus logros, gustos e intereses.

Escribe porque admiras a esa persona.

Persona que admiras

¿Qué aprendimos?

Hoy hemos aprendido que ser exploradores del optimismo nos permite ver el mundo con una mirada positiva y encontrar la alegría en cada día. Al cultivar una mentalidad optimista y practicar la gratitud, podemos enfrentar los desafíos con valentía y encontrar la felicidad en cada momento.

Recomendaciones para el Docente:

- Organiza sesiones regulares de reflexión y discusión en el aula sobre cosas positivas que hayan sucedido durante la semana.
- Fomenta la práctica diaria de la gratitud a través de un diario de gratitud donde los niños puedan escribir cosas por las que están agradecidos.
- Anima a los niños a establecer metas alcanzables y celebrar sus logros, promoviendo una cultura de positividad y crecimiento en el aula.

CAPITULO 28

El Baile de la Adaptabilidad: Aprendiendo a bailar con el cambio

Objetivo

Ayudar a los niños a comprender cómo ser flexibles y adaptarnos a los cambios de manera positiva.

El cambio siempre está

Ser Bailarines de la Adaptabilidad significa desarrollar la capacidad de adaptarse y gestionar cambios de manera positiva.

Aprenderán a enfrentar nuevos pasos de valentía y creatividad.

¿Por qué es importante adaptarnos a los cambios?

La adaptabilidad es como ser un bailarín ágil que puede cambiar de ritmo y movimiento según lo requiera la música.

Es importante porque nos ayuda a enfrentar los desafíos de la vida con confianza y resiliencia.

Al ser capaces de adaptarnos a nuevas situaciones y cambios inesperados, podemos crecer y prosperar, incluso cuando el ritmo de la vida cambia.

Juego

El Baile de la Improvisación

Cada niño tendrá el turno de dirigir al grupo, a través de diferentes movimientos que hará su hoja de papel. Todos deben moverse como su hoja

Dibuja los movimientos más divertidos.

Juego

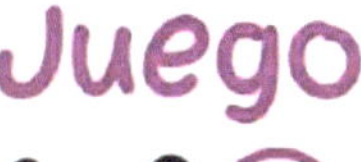

AdaptaRol

Hoy todos deben cambiar de puesto donde se sientan habitualmente.

Y también tendrán que brindar opciones de adaptabilidad en el siguiente caso.

La familia de Luis se mudó y ya no queda tan cerca su centro deportivo dónde practicaba futbol con su amigos.

Qué opciones puede tomar Luis para adaptarse a este cambio.

AdaptaRol

Escribe acá las opciones que tiene Luis para adaptarse y dibuja como se vería.

¿Qué aprendimos?

Hoy hemos aprendido que la adaptabilidad es una habilidad importante que nos permite bailar con gracia ante los cambios de la vida. Al ser flexibles y abiertos a nuevas experiencias, podemos enfrentar los desafíos con confianza y resiliencia. Recuerden siempre que cada cambio es una oportunidad para crecer y aprender.

Recomendaciones para el Docente:

- Fomenta la práctica de la resolución de problemas en el aula, donde los niños puedan encontrar soluciones creativas a diferentes situaciones.
- Organiza actividades de juego libre donde los niños puedan explorar y experimentar con diferentes roles y escenarios.
- Promueve un ambiente de apoyo y aceptación en el aula, donde los niños se sientan seguros para ser ellos mismos y expresar sus emociones.

CAPITULO 29

Estrellas de la Comunicación

La magia de expresarnos

Ser Estrellas de la Comunicación significa aprender a expresarse de manera clara y efectiva, ya sea hablando o escribiendo.

Aprenderán a utilizar las palabras como varitas mágicas para transmitir sus ideas.

¿Por qué es Importante saber comunicarnos?

Es importante porque la comunicación es la base de todas nuestras interacciones con los demás, ya sea en la escuela, en casa o en la comunidad.

Al desarrollar habilidades de comunicación, podemos hablar con confianza, comprender mejor a los demás y construir relaciones fuertes.

Juego

Microcuentos Encadenados

Dibuja un microcuento. Esta historia corta se va a enlazar con los microcuentos de tus compañeros de manera creativa, cada uno lo contará su microcuento y el siguiente lo unirá al suyo al continuarlo.

Juego

La Carta de las Estrellas

En la siguiente página escribirás una carta a un personaje que te guste y le dirás que te gustaría compartir con él o ella.

Utiliza tu creatividad e imagina las diferentes actividades que pueden compartir.

Utiliza toda tu creatividad narrativa para crear esta carta.

Carta de las Estrellas

¿Qué aprendimos?

Hoy aprendimos que al mejorar nuestras habilidades de expresión oral y escrita, podemos compartir nuestras ideas de manera efectiva, conectar con los demás y dejar una huella positiva en el mundo que nos rodea. Cada palabra que pronunciamos y cada frase que escribimos tiene el poder de inspirar, educar y transformar.

Recomendaciones para el Docente:

- Fomenta la lectura y la escritura creativa en el aula, proporcionando una variedad de libros y recursos para inspirar a los niños.
- Organiza debates y discusiones guiadas para practicar habilidades de expresión oral y escucha activa.
- Promueve un ambiente de respeto y apoyo donde los niños se sientan seguros para expresarse y compartir sus ideas libremente.

CAPITULO 30

Guardianes del Medio Ambiente: Cuidando Nuestro Hogar Común

Objetivo

Ayudar a los niños a comprender la importancia de cuidar el medio ambiente y cómo podemos contribuir a proteger nuestro hogar común.

Huellas positivas

Ser Guardianes del Medio Ambiente significa comprender la importancia de cuidar nuestro hogar común y participar activamente en prácticas sostenibles.

Disfrutemos convertirnos en protectores de la naturaleza y cuidar nuestro planeta Tierra.

¿Por qué es importante cuidar el medio ambiente?

Ser guardianes del medio ambiente significa ser responsables de cuidar y proteger los recursos naturales, los animales y las plantas que nos rodean.

Es importante porque nos proporciona todo lo que necesitamos para vivir: aire limpio, agua potable, alimentos y un hogar para todas las formas de vida.

Juego

Diversidad Natural

Dibuja seis (6) recursos naturales que consideras importante cuidar.

Juego

Eco-Diario

Crea las acciones que harán durante una semana.

Registra en este eco-diario todas las acciones que realices para cuidar el medio ambiente.

Puedes incluir cosas como reciclar, apagar las luces cuando no las necesiten, usar menos agua, plantar árboles o recoger basura en el parque.

Al final de la semana, revisarán juntos sus eco-diarios.

Eco-Diario

Lunes Crear una manera de reutilizar botellas plásticas y compartirlo con familiares y amigos.		
Martes		
Miércoles		
Jueves		
Viernes		
Sábado		
Domingo		

¿Qué aprendimos?

Hoy hemos aprendido que cada uno de nosotros tiene un papel importante que desempeñar como guardianes del medio ambiente. Pequeñas acciones todos los días, marcan una gran diferencia en la salud y el futuro de nuestro planeta Tierra.

Recomendaciones para el Docente:

- Organiza actividades al aire libre donde los niños puedan explorar y apreciar la naturaleza, como caminatas, paseos en la naturaleza o jornadas de limpieza en el parque.
- Fomenta la educación ambiental en el aula a través de la lectura de libros, la visualización de documentales y la discusión de temas relacionados con el medio ambiente.
- Involucra a los niños en proyectos de acción ambiental, como la creación de un jardín escolar o la organización de campañas de reciclaje.

CAPITULO 31

Construyendo un Mundo Justo y Equitativo

Mismas oportunidades

Hoy nos convertiremos en arquitectos de la justicia y la equidad, diseñando los cimientos de un mundo donde todos tengan igualdad de oportunidades y derechos.

Ser Exploradores de la Justicia significa comprender que podemos promover comportamientos justos en la comunidad.

¿Por qué es importante ser justos y equitativos?

Construir un mundo justo y equitativo es asegurarnos de que todas las personas, tengan las mismas oportunidades.

Cuando todos tienen acceso, podemos construir un mundo con respeto a la vida e ideales de cada uno. Todos somos importantes.

Juego 1

Comunidad Cooperativa

Caso de Estudio en Grupo: Son miembros de una comunidad que no tiene aceras para personas con discapacidad motora, van en sillas de rueda. Piensen como resolver el acceso de ellos. Escríbelo.

Juego 2

Casa de la Equidad

La equidad es la justicia natural que se caracteriza por reconocer el derecho de todos.

En toda casa, hay derechos y deberes.

Hoy crearemos un listado de deberes de toda casa y los asignaremos en partes iguales a cada miembro de nuestra familia.

Obviamente nosotros también nos asignaremos deberes, esta es una casa equitativa.

Casa Equitativa

Miembros de la Familia	Deberes

¿Qué aprendimos?

Hoy hemos aprendido que cada uno de nosotros tiene un papel importante que desempeñar en la construcción de un mundo más justo y equitativo. Al trabajar juntos y promover la igualdad de oportunidades para todos, podemos crear un mundo donde cada persona se sienta valorada y respetada.

Recomendaciones para el Docente:

- Fomenta la empatía y la comprensión en el aula, enseñando a los niños a ponerse en el lugar de los demás y a tratar a todos con respeto.
- Organiza actividades de servicio comunitario donde los niños puedan trabajar juntos para abordar problemas de injusticia y desigualdad en su comunidad.
- Celebra la diversidad y promueve un ambiente inclusivo donde cada voz sea valorada y escuchada.

CAPITULO 32

Descubriendo el placer de aprender

Ampliando nuestra diversión

Imaginen que somos exploradores en busca de tesoros de conocimiento, y que cada nueva idea y descubrimiento nos acerca un paso más a aventuras divertidas.

Ser Héroes del Aprendizaje significa desarrollar una actitud positiva hacia el aprendizaje y reconocer tu curiosidad.

¿Por qué es importante mantener nuestra curiosidad activa?

Ser curiosos es tener una sed insaciable de conocimiento y estar siempre listo para explorar y descubrir cosas nuevas.

Es importante porque el aprendizaje constante nos permite crecer, desarrollarnos y adaptarnos a un mundo cambiante.

Nos volvemos más creativos, seguros y capaces de enfrentar los desafíos que la vida nos presenta.

Juego 1

Mapa del Conocimiento

Crea un mapa donde identifiques las áreas que gustaría explorar y aprender. Temas como ciencia, arte, historia, deportes, música, y cualquier otra área que les interese. Agrega que cosas te gustaría hacer en cada tema a explorar.

Juego 2

Diario de Curiosidad

Crea un Diario Curioso, donde registrarás tus experiencias de aprendizaje diarias.

Pueden incluir cosas como nuevos conceptos aprendidos, descubrimientos interesantes, desafíos superados y reflexiones personales sobre su proceso de aprendizaje.

Práctica aquí el registro de una semana. Puedes llevar tus registros mensuales en otro cuaderno.

Comparte tus hallazgos en grupo.

Diario de Curiosidad

Lunes

Martes

Miércoles

Jueves

Viernes

Sábado

Domingo

¿Qué aprendimos?

Que cada uno de nosotros tiene el potencial de convertirse en un héroe del aprendizaje, explorando y descubriendo el mundo que nos rodea con curiosidad y entusiasmo. Al mantener nuestras mentes abiertas podemos descubrir información divertida e interesante.

Recomendaciones para el Docente:

- Fomenta un ambiente de curiosidad y exploración en el aula, alentando a los niños a hacer preguntas, experimentar y buscar respuestas.
- Organiza actividades de aprendizaje experiencial, como excursiones, experimentos científicos y proyectos creativos, para estimular el interés y la participación de los niños.
- Celebra los logros y los esfuerzos de aprendizaje de los niños, reconociendo su valentía.

Glosario de Términos Socioemocionales

Inteligencia Emocional

Habilidad para reconocer, comprender y gestionar nuestras propias emociones y las de los demás.

Empatía

Capacidad para comprender y sentir las emociones de los demás, siendo compasivos del lugar emocional dónde se encuentran, brindando soporte.

Resiliencia

Habilidad para superar desafíos y aprender de experiencias difíciles, manteniendo una actitud positiva.

Autoexpresión

Manifestar nuestras emociones de manera creativa, ya sea a través del arte, la escritura o el habla.

Habilidades Sociales

Competencias para interactuar de manera efectiva con otras personas, construyendo relaciones saludables.

Glosario de Términos Socioemocionales

Gratitud

Reconocimiento y aprecio por lo positivo en nuestras vidas, cultivando una actitud agradecida.

Autocuidado

Prácticas que promueven el bienestar físico y emocional, como descansar, alimentarse adecuadamente y cuidar de uno mismo.

Optimismo

Mirar el lado positivo de las situaciones y ver los desafíos como oportunidades de crecimiento.

Adaptabilidad

Capacidad para ajustarse positivamente a los cambios en la vida cotidiana, siendo flexibles y abiertos a nuevas experiencias.

Comunicación Efectiva

Expresar pensamientos y sentimientos de manera clara y respetuosa, promoviendo una comprensión mutua.

Glosario de Términos Socioemocionales

Justicia

Actuar de manera equitativa, tratando a todos con igualdad y respeto.

Aprendizaje Constante

Mantener una actitud curiosa y abierta, reconociendo oportunidades de crecimiento en todas las experiencias.

Confianza

Creer en uno mismo y en los demás, construyendo relaciones sólidas basadas en la honestidad y la lealtad.

Diversidad Emocional

Reconocer y apreciar la variedad de emociones en uno mismo y en los demás.

Paz

Contribuir activamente a la resolución pacífica de conflictos y promover un ambiente armonioso.

Sostenibilidad

Comprender la importancia de cuidar el medio ambiente y participar en prácticas que promuevan la conservación.

Conclusión

¡Increíble viaje, exploradores de la inteligencia emocional y el liderazgo escolar!

Hemos viajado por nuestras emociones, decisiones sabias, amistades florecientes, y ¡hasta hemos sido héroes del aprendizaje! Es hora de guardar nuestros mapas de fortalezas, emociones coloridas, y proyectos creativos, ¡porque hemos completado este increíble libro práctico!

Aplaudámonos a nosotros mismos: Hemos aprendido a ser valientes, compasivos, y expertos en la gestión de nuestras emociones. ¡Bravo por cada logro y desafío superado!

Desafío para el Verano: No olviden aplicar sus superpoderes de inteligencia emocional durante las vacaciones. Practiquen la empatía, resuelvan conflictos con paz, y sean creativos en cada día.

Hasta el Próximo Capítulo: En 4to grado, nos esperan más descubrimientos, más amistades, y ¡más crecimiento personal! Prepárense para nuevas lecciones, actividades emocionantes.

Un Último Consejo: Si alguna vez se sienten perdidos, recuerden su mapa de fortalezas. Cada uno de ustedes es único y valioso.

AutoGestión y Liderazgo Escolar

Referencias Bibliográficas

- Goleman, D. (1995). Inteligencia emocional. Barcelona: Kairós.
- Brackett, M. A. (2019). Permission to Feel: Unlocking the Power of Emotions to Help Our Kids, Ourselves, and Our Society Thrive. Celadon Books.
- Salovey, P., & Mayer, J. D. (1990). Emotional intelligence. Imagination, Cognition and Personality, 9(3), 185-211.
- Brackett, M. A., Rivers, S. E., & Salovey, P. (2011). Emotional intelligence: Implications for personal, social, academic, and workplace success. Social and Personality Psychology Compass, 5(1), 88-103.
- Dweck, C. S. (2006). Mindset: The New Psychology of Success. Ballantine Books.
- Siegel, D. J., & Bryson, T. P. (2012). The Whole-Brain Child: 12 Revolutionary Strategies to Nurture Your Child's Developing Mind. Bantam.
- Gottman, J. M., & Gottman, J. S. (1999). The Seven Principles for Making Marriage Work. Harmony.
- Brown, B. (2010). The Gifts of Imperfection: Let Go of Who You Think You're Supposed to Be and Embrace Who You Are. Hazelden Publishing.
- Shapiro, L. E., & White, R. (2014). Mindful Discipline: A Loving Approach to Setting Limits and Raising an Emotionally Intelligent Child. New Harbinger Publications.
- Mogel, W. (2002). The Blessing of a Skinned Knee: Using Jewish Teachings to Raise Self-Reliant Children. Scribner.

AutoGestión y Liderazgo Escolar

Referencias Bibliográficas

- Greene, R. W. (2014). The Explosive Child: A New Approach for Understanding and Parenting Easily Frustrated, Chronically Inflexible Children. Harper Paperbacks.

Estas referencias ofrecen una amplia variedad de perspectivas y enfoques sobre las habilidades blandas y la inteligencia emocional en el contexto de la crianza y el desarrollo personal. Cada uno de estos libros puede brindar valiosos conocimientos y herramientas para enriquecer tu experiencia como padre o madre comprometido con el crecimiento y el bienestar emocional de tus hijos.

Encuesta de Satisfacción

ProIDEhA
Centro de Desarrollo de Habilidades

	ALTAMENTE SATISFECHA/O	SATISFECHA/O	NEUTRAL	INSATISFECHO	ALTAMENTE INSATISFECHO
VALOR DEL CONTENIDO	○	○	○	○	○
UTILIDAD	○	○	○	○	○
PRESENTACIÓN	○	○	○	○	○
CREATIVIDAD	○	○	○	○	○

¿QUÉ PROBABILIDADES HAY DE RECOMENDAR ESTE LIBRO?

BAJA ○ 1 ○ 2 ○ 3 ○ 4 ○ 5 ○ 6 ○ 7 ○ 8 ○ 9 ○ 10 ALTA

¿CÓMO TE SIENTES ENGENERAL CON LO APRENDIDO EN EL LIBRO?

AutoGestión y Liderazgo Social

¿QUIERES DEJARNOS UN COMENTARIO O SUGERENCIA?

....

....

COMPARTENOS ESTA IMAGEN EN NUESTRAS REDES SOCIALES, ES IMPORTANTE PARA NOSOTROS MANTENER LA COMUNICACIÓN EFECTIVA @PROIDEHA

Para padres y docentes
Conectemos profesionalmente

Me encuentras en LinkedIn
www.linkedin.com/in/ani-rodriguez

Si te ha gustado este contenido te invito a ver la Masterclass "Las 3 mentiras de las emociones que están dañando tu vida y tus relaciones"

Ver Masterclass AHORA

Made in the USA
Columbia, SC
06 April 2025